From the Headquarters of

_____

ISBN 978-1-7972-2920-1

Manufactured in China.

Design by Jon Glick.

10 9 8 7 6 5 4 3 2 1

Chronicle Books publishes distinctive books and gifts. From award-winning children's titles, bestselling cookbooks, and eclectic pop culture to acclaimed works of art and design, stationery, and journals, we craft publishing that's instantly recognizable for its spirit and creativity. Enjoy our publishing and become part of our community at www.chroniclebooks.com.

Special quantity discounts are available to corporations and other organizations. Contact our premiums department at corporatesales@chroniclebooks.com or at 1-800-759-0190.

Chronicle Books LLC
680 Second Street
San Francisco, California 94107
www.chroniclebooks.com

FEELING FEELINGS

Disney·PIXAR
INSIDE OUT

A GUIDED EMOTIONS JOURNAL

CHRONICLE BOOKS
SAN FRANCISCO

Welcome to the Mixed Emotions Club!

No day is the same when it comes to our Emotions and feelings. And thanks to the growing list of Emotions roaming about our minds' Headquarters, sometimes it's hard to know who is driving our Console at any given moment. For instance, Joy may take the lead at the start of the day, but then the console turns blue because Sadness is near or purple because Ennui leaves you feeling bored and indifferent. And then, oh wait, here comes Anxiety creating a never-ending series of projections for worst-case scenarios. By the end of the day, you've been on one roller coaster of Emotions!

To make matters even more *inside out*, our busy lives prevent us from taking the time to understand and reflect on why we feel the way that we do. That is where this journal comes in. No one is perfect—we all have good days and bad ones. Here is an inviting tool to help you feel your feelings. It provides an encouraging space to check in with yourself, reflect on the highs and lows of your day, and quickly jot down your thoughts in an approachable and accessible way.

Take a few moments to record your Emotions throughout the day with the help of Joy, Sadness, Anger, Fear, Disgust, Anxiety, Envy, Embarrassment, and Ennui. Start with a self-assessment of your Emotions, and write down a few goals for the day. They can be big or small. Later, revisit your morning entry and consider how your Emotions changed (or didn't) as the day progressed. Complete the journal entry with an additional writing prompt to help deepen your daily reflection or develop aspirations for tomorrow. As you fill

in the journal, there's also space for longer entries that may lead you to find common themes and trends from day to day and week to week.

There are many moments of self-discovery to be had in these pages that may be uncovered gradually with time. Show yourself love and kindness despite the hard days and mistakes made. The benefits of journaling are limitless, and this is a safe space for you to be a friend to yourself. Joy and the rest of the Emotions are here to help you on your journey!

CONCEPT ART FROM *Inside Out 2*, NIK HENDERSON, DIGITAL

This morning, I feel (circle all that apply):

ANGER   ANXIETY   DISGUST   EMBARRASSMENT   ENNUI   ENVY   FEAR   JOY   SADNESS

Because . . .

_____

_____

_____

My goals for today:

1. _____

2. _____

3. _____

This evening, I feel (circle all that apply):

ANGER   ANXIETY   DISGUST   EMBARRASSMENT   ENNUI   ENVY   FEAR   JOY   SADNESS

Because . . .

_____

_____

_____

Tomorrow, I will . . .

_____

_____

_____

This morning, I feel (circle all that apply):

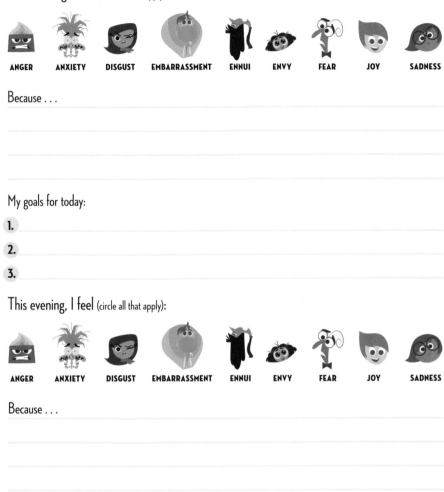

ANGER   ANXIETY   DISGUST   EMBARRASSMENT   ENNUI   ENVY   FEAR   JOY   SADNESS

Because . . .

_____

_____

_____

My goals for today:

1. _____

2. _____

3. _____

This evening, I feel (circle all that apply):

ANGER   ANXIETY   DISGUST   EMBARRASSMENT   ENNUI   ENVY   FEAR   JOY   SADNESS

Because . . .

_____

_____

_____

Today, I learned . . .

_____

_____

_____

This morning, I feel (circle all that apply):

ANGER   **ANXIETY**   **DISGUST**   **EMBARRASSMENT**   **ENNUI**   **ENVY**   **FEAR**   **JOY**   **SADNESS**

Because . . .

My goals for today:

1.

2.

3.

This evening, I feel (circle all that apply):

ANGER   **ANXIETY**   **DISGUST**   **EMBARRASSMENT**   **ENNUI**   **ENVY**   **FEAR**   **JOY**   **SADNESS**

Because . . .

Today, I put my trust in . . .

This morning, I feel (circle all that apply):

ANGER   ANXIETY   DISGUST   EMBARRASSMENT   ENNUI   ENVY   FEAR   JOY   SADNESS

Because . . .

My goals for today:

1.
2.
3.

This evening, I feel (circle all that apply):

ANGER   ANXIETY   DISGUST   EMBARRASSMENT   ENNUI   ENVY   FEAR   JOY   SADNESS

Because . . .

Today, I overcame . . .

Date: /   /

This morning, I feel (circle all that apply):

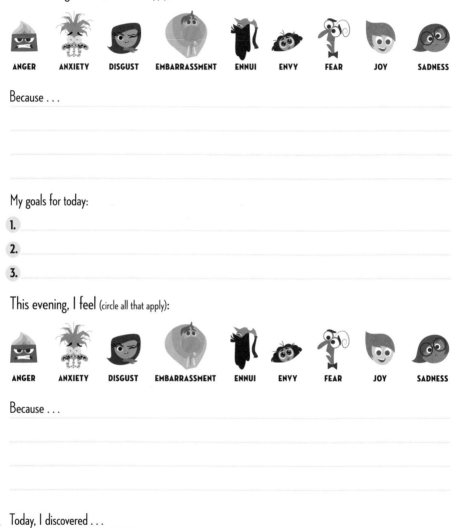

ANGER   ANXIETY   DISGUST   EMBARRASSMENT   ENNUI   ENVY   FEAR   JOY   SADNESS

Because . . .

My goals for today:

1.

2.

3.

This evening, I feel (circle all that apply):

ANGER   ANXIETY   DISGUST   EMBARRASSMENT   ENNUI   ENVY   FEAR   JOY   SADNESS

Because . . .

Today, I discovered . . .

This morning, I feel (circle all that apply):

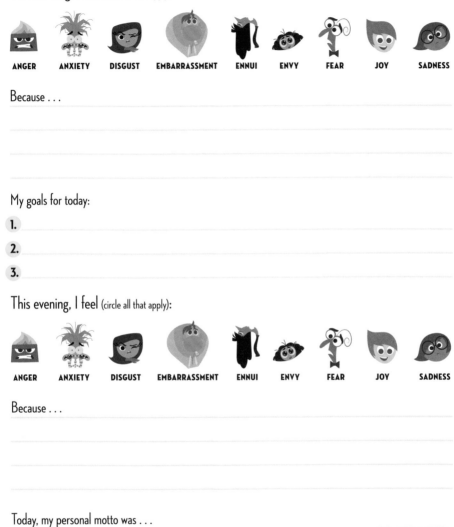

ANGER   ANXIETY   DISGUST   EMBARRASSMENT   ENNUI   ENVY   FEAR   JOY   SADNESS

Because . . .

_____

_____

_____

My goals for today:

1. _____

2. _____

3. _____

This evening, I feel (circle all that apply):

ANGER   ANXIETY   DISGUST   EMBARRASSMENT   ENNUI   ENVY   FEAR   JOY   SADNESS

Because . . .

_____

_____

_____

Today, my personal motto was . . .

_____

_____

_____

This morning, I feel (circle all that apply):

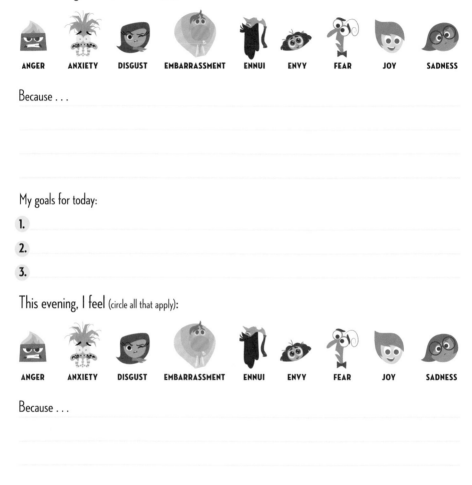

ANGER   ANXIETY   DISGUST   EMBARRASSMENT   ENNUI   ENVY   FEAR   JOY   SADNESS

Because . . .

My goals for today:

1.

2.

3.

This evening, I feel (circle all that apply):

ANGER   ANXIETY   DISGUST   EMBARRASSMENT   ENNUI   ENVY   FEAR   JOY   SADNESS

Because . . .

Tomorrow, I will try to . . .

This morning, I feel (circle all that apply):

ANGER **ANXIETY** **DISGUST** **EMBARRASSMENT** **ENNUI** **ENVY** **FEAR** **JOY** **SADNESS**

Because . . .

_____

_____

_____

My goals for today:

1. _____

2. _____

3. _____

This evening, I feel (circle all that apply):

ANGER **ANXIETY** **DISGUST** **EMBARRASSMENT** **ENNUI** **ENVY** **FEAR** **JOY** **SADNESS**

Because . . .

_____

_____

_____

Today, I was inspired by . . .

_____

_____

_____

Date: / /

This morning, I feel (circle all that apply):

ANGER   ANXIETY   DISGUST   EMBARRASSMENT   ENNUI   ENVY   FEAR   JOY   SADNESS

Because . . .

_____

_____

_____

My goals for today:

1. _____

2. _____

3. _____

This evening, I feel (circle all that apply):

ANGER   ANXIETY   DISGUST   EMBARRASSMENT   ENNUI   ENVY   FEAR   JOY   SADNESS

Because . . .

_____

_____

_____

Tomorrow, I will work on . . .

_____

_____

_____

This morning, I feel (circle all that apply):

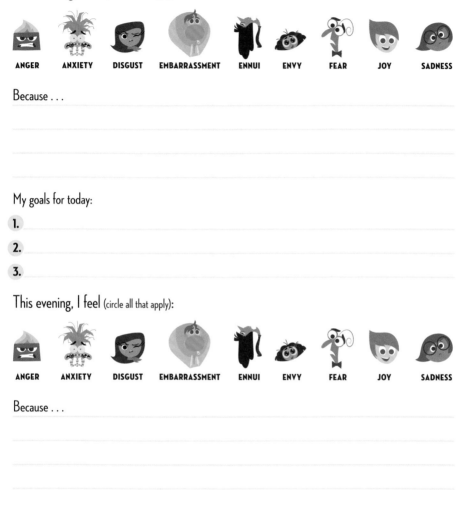

ANGER   ANXIETY   DISGUST   EMBARRASSMENT   ENNUI   ENVY   FEAR   JOY   SADNESS

Because . . .

My goals for today:

1.
2.
3.

This evening, I feel (circle all that apply):

ANGER   ANXIETY   DISGUST   EMBARRASSMENT   ENNUI   ENVY   FEAR   JOY   SADNESS

Because . . .

Today, I appreciated . . .

At a Glance

Using your last few journal entries for reference, how have you been feeling lately? What emotions have you felt most strongly? Do you feel different now than you did previously? What might be affecting your emotions from day to day or week to week? These pages may be used to write freely.

This morning, I feel (circle all that apply):

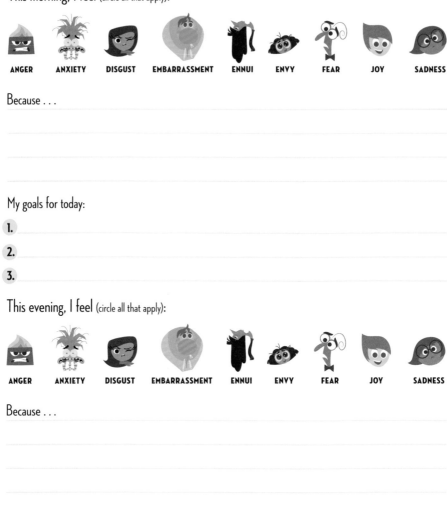

ANGER   ANXIETY   DISGUST   EMBARRASSMENT   ENNUI   ENVY   FEAR   JOY   SADNESS

Because . . .

_____

_____

_____

My goals for today:

1. _____

2. _____

3. _____

This evening, I feel (circle all that apply):

ANGER   ANXIETY   DISGUST   EMBARRASSMENT   ENNUI   ENVY   FEAR   JOY   SADNESS

Because . . .

_____

_____

_____

Today, I am grateful for . . .

_____

_____

_____

Date: / /

This morning, I feel (circle all that apply):

ANGER   ANXIETY   DISGUST   EMBARRASSMENT   ENNUI   ENVY   FEAR   JOY   SADNESS

Because . . .

_____

_____

_____

My goals for today:

1. _____

2. _____

3. _____

This evening, I feel (circle all that apply):

ANGER   ANXIETY   DISGUST   EMBARRASSMENT   ENNUI   ENVY   FEAR   JOY   SADNESS

Because . . .

_____

_____

_____

Tomorrow, my intention is . . .

_____

_____

_____

Date: / /

This morning, I feel (circle all that apply):

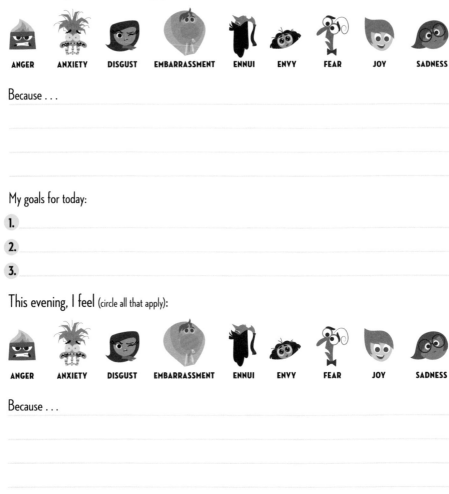

ANGER   ANXIETY   DISGUST   EMBARRASSMENT   ENNUI   ENVY   FEAR   JOY   SADNESS

Because . . .

_____

_____

_____

My goals for today:

1. _____

2. _____

3. _____

This evening, I feel (circle all that apply):

ANGER   ANXIETY   DISGUST   EMBARRASSMENT   ENNUI   ENVY   FEAR   JOY   SADNESS

Because . . .

_____

_____

_____

Tomorrow, I'm looking forward to . . .

_____

_____

This morning, I feel (circle all that apply):

ANGER   ANXIETY   DISGUST   EMBARRASSMENT   ENNUI   ENVY   FEAR   JOY   SADNESS

Because . . .

_____

_____

_____

My goals for today:

1. _____

2. _____

3. _____

This evening, I feel (circle all that apply):

ANGER   ANXIETY   DISGUST   EMBARRASSMENT   ENNUI   ENVY   FEAR   JOY   SADNESS

Because . . .

_____

_____

_____

Today, I let go of . . .

_____

_____

_____

Date: / /

This morning, I feel (circle all that apply):

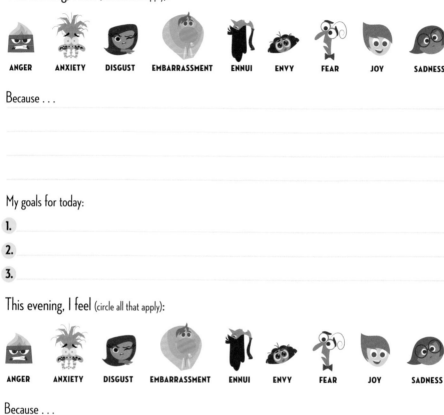

ANGER   ANXIETY   DISGUST   EMBARRASSMENT   ENNUI   ENVY   FEAR   JOY   SADNESS

Because . . .

_____

_____

_____

My goals for today:

1. _____

2. _____

3. _____

This evening, I feel (circle all that apply):

ANGER   ANXIETY   DISGUST   EMBARRASSMENT   ENNUI   ENVY   FEAR   JOY   SADNESS

Because . . .

_____

_____

_____

Tomorrow, I will show kindness to myself or others by . . .

_____

_____

_____

This morning, I feel (circle all that apply):

ANGER   **ANXIETY**   **DISGUST**   **EMBARRASSMENT**   **ENNUI**   **ENVY**   **FEAR**   **JOY**   **SADNESS**

Because . . .

_____

_____

_____

My goals for today:

1. _____

2. _____

3. _____

This evening, I feel (circle all that apply):

ANGER   **ANXIETY**   **DISGUST**   **EMBARRASSMENT**   **ENNUI**   **ENVY**   **FEAR**   **JOY**   **SADNESS**

Because . . .

_____

_____

_____

Today, I found joy in . . .

_____

_____

_____

Date: / /

This morning, I feel (circle all that apply):

ANGER   ANXIETY   DISGUST   EMBARRASSMENT   ENNUI   ENVY   FEAR   JOY   SADNESS

Because . . .

_____

_____

_____

My goals for today:

1. _____

2. _____

3. _____

This evening, I feel (circle all that apply):

ANGER   ANXIETY   DISGUST   EMBARRASSMENT   ENNUI   ENVY   FEAR   JOY   SADNESS

Because . . .

_____

_____

_____

Today, I worked through . . .

_____

_____

This morning, I feel (circle all that apply):

ANGER **ANXIETY** **DISGUST** **EMBARRASSMENT** **ENNUI** **ENVY** **FEAR** **JOY** **SADNESS**

Because . . .

_____

_____

_____

My goals for today:

1. _____

2. _____

3. _____

This evening, I feel (circle all that apply):

ANGER **ANXIETY** **DISGUST** **EMBARRASSMENT** **ENNUI** **ENVY** **FEAR** **JOY** **SADNESS**

Because . . .

_____

_____

_____

Today, I am proud of . . .

_____

_____

_____

Date: /   /

This morning, I feel (circle all that apply):

ANGER   ANXIETY   DISGUST   EMBARRASSMENT   ENNUI   ENVY   FEAR   JOY   SADNESS

Because . . .

_____

_____

_____

My goals for today:

1. _____

2. _____

3. _____

This evening, I feel (circle all that apply):

ANGER   ANXIETY   DISGUST   EMBARRASSMENT   ENNUI   ENVY   FEAR   JOY   SADNESS

Because . . .

_____

_____

_____

Tomorrow, I will . . .

_____

_____

This morning, I feel (circle all that apply):

ANGER   ANXIETY   DISGUST   EMBARRASSMENT   ENNUI   ENVY   FEAR   JOY   SADNESS

Because . . .

My goals for today:

1.

2.

3.

This evening, I feel (circle all that apply):

ANGER   ANXIETY   DISGUST   EMBARRASSMENT   ENNUI   ENVY   FEAR   JOY   SADNESS

Because . . .

Today, I learned . . .

At a Glance

Using your last few journal entries for reference, how have you been feeling lately? What emotions have you felt most strongly? Do you feel different now than you did previously? What might be affecting your emotions from day to day or week to week? These pages may be used to write freely.

CONCEPT ART FROM *Inside Out*, BILL CONE, DIGITAL

This morning, I feel (circle all that apply):

ANGER   ANXIETY   DISGUST   EMBARRASSMENT   ENNUI   ENVY   FEAR   JOY   SADNESS

Because . . .

_____

_____

My goals for today:

1. _____

2. _____

3. _____

This evening, I feel (circle all that apply):

ANGER   ANXIETY   DISGUST   EMBARRASSMENT   ENNUI   ENVY   FEAR   JOY   SADNESS

Because . . .

_____

_____

Today, I put my trust in . . .

_____

_____

This morning, I feel (circle all that apply):

ANGER

ANXIETY

DISGUST

EMBARRASSMENT

ENNUI

ENVY

FEAR

JOY

SADNESS

Because . . .

_____

_____

_____

My goals for today:

1. _____

2. _____

3. _____

This evening, I feel (circle all that apply):

ANGER

ANXIETY

DISGUST

EMBARRASSMENT

ENNUI

ENVY

FEAR

JOY

SADNESS

Because . . .

_____

_____

_____

Today, I overcame . . .

_____

_____

_____

This morning, I feel (circle all that apply):

ANGER   ANXIETY   DISGUST   EMBARRASSMENT   ENNUI   ENVY   FEAR   JOY   SADNESS

Because . . .

_____

_____

_____

My goals for today:

1. _____

2. _____

3. _____

This evening, I feel (circle all that apply):

ANGER   ANXIETY   DISGUST   EMBARRASSMENT   ENNUI   ENVY   FEAR   JOY   SADNESS

Because . . .

_____

_____

_____

Today, I discovered . . .

_____

_____

_____

This morning, I feel (circle all that apply):

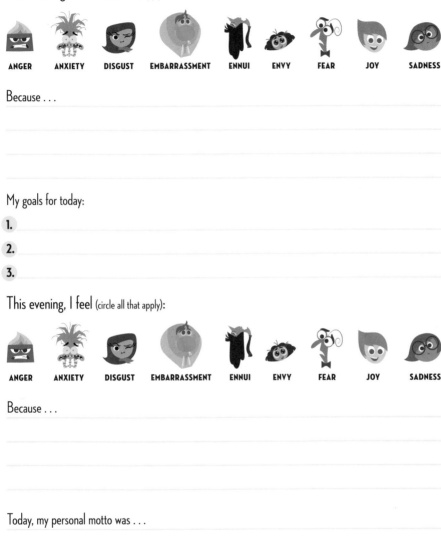

ANGER   ANXIETY   DISGUST   EMBARRASSMENT   ENNUI   ENVY   FEAR   JOY   SADNESS

Because . . .

My goals for today:

1.

2.

3.

This evening, I feel (circle all that apply):

ANGER   ANXIETY   DISGUST   EMBARRASSMENT   ENNUI   ENVY   FEAR   JOY   SADNESS

Because . . .

Today, my personal motto was . . .

This morning, I feel (circle all that apply):

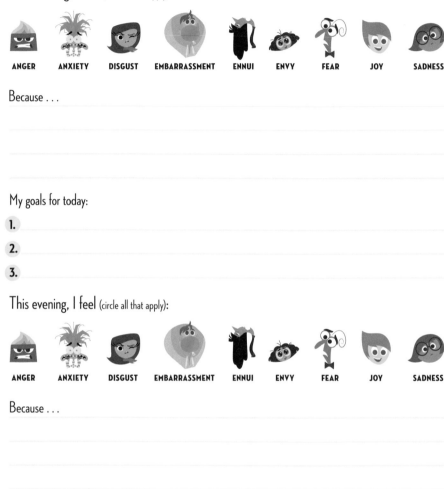

ANGER   ANXIETY   DISGUST   EMBARRASSMENT   ENNUI   ENVY   FEAR   JOY   SADNESS

Because . . .

My goals for today:

1.

2.

3.

This evening, I feel (circle all that apply):

ANGER   ANXIETY   DISGUST   EMBARRASSMENT   ENNUI   ENVY   FEAR   JOY   SADNESS

Because . . .

Tomorrow, I will try to . . .

This morning, I feel (circle all that apply):

ANGER   ANXIETY   DISGUST   EMBARRASSMENT   ENNUI   ENVY   FEAR   JOY   SADNESS

Because . . .

My goals for today:

1.

2.

3.

This evening, I feel (circle all that apply):

ANGER   ANXIETY   DISGUST   EMBARRASSMENT   ENNUI   ENVY   FEAR   JOY   SADNESS

Because . . .

Today, I was inspired by . . .

Date: / /

This morning, I feel (circle all that apply):

ANGER　**ANXIETY**　**DISGUST**　**EMBARRASSMENT**　**ENNUI**　**ENVY**　**FEAR**　**JOY**　**SADNESS**

Because . . .

My goals for today:

1.
2.
3.

This evening, I feel (circle all that apply):

ANGER　**ANXIETY**　**DISGUST**　**EMBARRASSMENT**　**ENNUI**　**ENVY**　**FEAR**　**JOY**　**SADNESS**

Because . . .

Tomorrow, I will work on . . .

This morning, I feel (circle all that apply):

ANGER   **ANXIETY**   **DISGUST**   **EMBARRASSMENT**   **ENNUI**   **ENVY**   **FEAR**   **JOY**   **SADNESS**

Because . . .

_____

_____

_____

My goals for today:

1. _____

2. _____

3. _____

This evening, I feel (circle all that apply):

ANGER   **ANXIETY**   **DISGUST**   **EMBARRASSMENT**   **ENNUI**   **ENVY**   **FEAR**   **JOY**   **SADNESS**

Because . . .

_____

_____

_____

Today, I appreciated . . .

_____

_____

_____

This morning, I feel (circle all that apply):

ANGER   ANXIETY   DISGUST   EMBARRASSMENT   ENNUI   ENVY   FEAR   JOY   SADNESS

Because . . .

My goals for today:

1.
2.
3.

This evening, I feel (circle all that apply):

ANGER   ANXIETY   DISGUST   EMBARRASSMENT   ENNUI   ENVY   FEAR   JOY   SADNESS

Because . . .

Today, I am grateful for . . .

This morning, I feel (circle all that apply):

ANGER   **ANXIETY**   **DISGUST**   **EMBARRASSMENT**   **ENNUI**   **ENVY**   **FEAR**   **JOY**   **SADNESS**

Because . . .

_____

_____

_____

My goals for today:

1. _____

2. _____

3. _____

This evening, I feel (circle all that apply):

ANGER   **ANXIETY**   **DISGUST**   **EMBARRASSMENT**   **ENNUI**   **ENVY**   **FEAR**   **JOY**   **SADNESS**

Because . . .

_____

_____

_____

Tomorrow, my intention is . . .

_____

_____

At a Glance

Using your last few journal entries for reference, how have you been feeling lately? What emotions have you felt most strongly? Do you feel different now than you did previously? What might be affecting your emotions from day to day or week to week? These pages may be used to write freely.

This morning, I feel (circle all that apply):

| ANGER | ANXIETY | DISGUST | EMBARRASSMENT | ENNUI | ENVY | FEAR | JOY | SADNESS |

Because . . .

_____

_____

_____

My goals for today:

1. _____

2. _____

3. _____

This evening, I feel (circle all that apply):

| ANGER | ANXIETY | DISGUST | EMBARRASSMENT | ENNUI | ENVY | FEAR | JOY | SADNESS |

Because . . .

_____

_____

_____

Tomorrow, I'm looking forward to . . .

_____

_____

_____

This morning, I feel (circle all that apply):

ANGER　**ANXIETY**　**DISGUST**　**EMBARRASSMENT**　**ENNUI**　**ENVY**　**FEAR**　**JOY**　**SADNESS**

Because . . .

_____

_____

_____

My goals for today:

1. _____

2. _____

3. _____

This evening, I feel (circle all that apply):

ANGER　**ANXIETY**　**DISGUST**　**EMBARRASSMENT**　**ENNUI**　**ENVY**　**FEAR**　**JOY**　**SADNESS**

Because . . .

_____

_____

_____

Today, I let go of . . .

_____

_____

_____

This morning, I feel (circle all that apply):

ANGER **ANXIETY** **DISGUST** **EMBARRASSMENT** **ENNUI** **ENVY** **FEAR** **JOY** **SADNESS**

Because . . .

My goals for today:

1.

2.

3.

This evening, I feel (circle all that apply):

ANGER **ANXIETY** **DISGUST** **EMBARRASSMENT** **ENNUI** **ENVY** **FEAR** **JOY** **SADNESS**

Because . . .

Tomorrow, I will show kindness to myself or others by . . .

This morning, I feel (circle all that apply):

ANGER   ANXIETY   DISGUST   EMBARRASSMENT   ENNUI   ENVY   FEAR   JOY   SADNESS

Because . . .

_____

_____

_____

My goals for today:

1. _____

2. _____

3. _____

This evening, I feel (circle all that apply):

ANGER   ANXIETY   DISGUST   EMBARRASSMENT   ENNUI   ENVY   FEAR   JOY   SADNESS

Because . . .

_____

_____

_____

Today, I found joy in . . .

_____

_____

_____

Date: / /

This morning, I feel (circle all that apply):

ANGER   ANXIETY   DISGUST   EMBARRASSMENT   ENNUI   ENVY   FEAR   JOY   SADNESS

Because . . .

_____

_____

_____

My goals for today:

1. _____

2. _____

3. _____

This evening, I feel (circle all that apply):

ANGER   ANXIETY   DISGUST   EMBARRASSMENT   ENNUI   ENVY   FEAR   JOY   SADNESS

Because . . .

_____

_____

_____

Today, I worked through . . .

_____

_____

_____

This morning, I feel (circle all that apply):

ANGER   ANXIETY   DISGUST   EMBARRASSMENT   ENNUI   ENVY   FEAR   JOY   SADNESS

Because . . .

_____

_____

_____

My goals for today:

1. _____

2. _____

3. _____

This evening, I feel (circle all that apply):

ANGER   ANXIETY   DISGUST   EMBARRASSMENT   ENNUI   ENVY   FEAR   JOY   SADNESS

Because . . .

_____

_____

_____

Today, I am proud of . . .

_____

_____

_____

This morning, I feel (circle all that apply):

ANGER **ANXIETY** **DISGUST** **EMBARRASSMENT** **ENNUI** **ENVY** **FEAR** **JOY** **SADNESS**

Because . . .

My goals for today:

1.

2.

3.

This evening, I feel (circle all that apply):

ANGER **ANXIETY** **DISGUST** **EMBARRASSMENT** **ENNUI** **ENVY** **FEAR** **JOY** **SADNESS**

Because . . .

Tomorrow, I will . . .

This morning, I feel (circle all that apply):

ANGER **ANXIETY** **DISGUST** **EMBARRASSMENT** **ENNUI** **ENVY** **FEAR** **JOY** **SADNESS**

Because . . .

My goals for today:

1.

2.

3.

This evening, I feel (circle all that apply):

ANGER **ANXIETY** **DISGUST** **EMBARRASSMENT** **ENNUI** **ENVY** **FEAR** **JOY** **SADNESS**

Because . . .

Today, I learned . . .

Date: / /

This morning, I feel (circle all that apply):

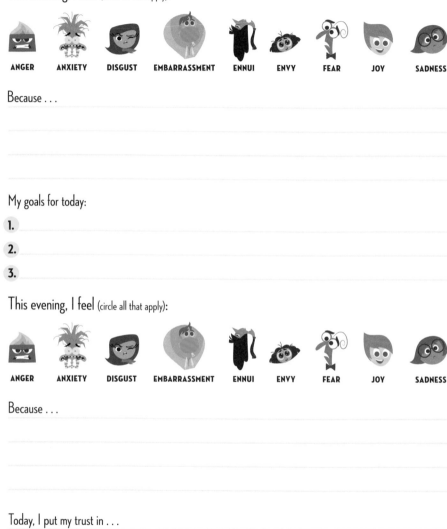

ANGER   ANXIETY   DISGUST   EMBARRASSMENT   ENNUI   ENVY   FEAR   JOY   SADNESS

Because . . .

_____

_____

_____

My goals for today:

1. _____

2. _____

3. _____

This evening, I feel (circle all that apply):

ANGER   ANXIETY   DISGUST   EMBARRASSMENT   ENNUI   ENVY   FEAR   JOY   SADNESS

Because . . .

_____

_____

_____

Today, I put my trust in . . .

_____

_____

_____

This morning, I feel (circle all that apply):

ANGER   ANXIETY   DISGUST   EMBARRASSMENT   ENNUI   ENVY   FEAR   JOY   SADNESS

Because . . .

_____

_____

_____

My goals for today:

1. _____

2. _____

3. _____

This evening, I feel (circle all that apply):

ANGER   ANXIETY   DISGUST   EMBARRASSMENT   ENNUI   ENVY   FEAR   JOY   SADNESS

Because . . .

_____

_____

_____

Today, I overcame . . .

_____

_____

At a Glance

Using your last few journal entries for reference, how have you been feeling lately? What emotions have you felt most strongly? Do you feel different now than you did previously? What might be affecting your emotions from day to day or week to week? These pages may be used to write freely.

CONCEPT ART FROM *Inside Out*, RALPH EGGLESTON, DIGITAL

This morning, I feel (circle all that apply):

ANGER   ANXIETY   DISGUST   EMBARRASSMENT   ENNUI   ENVY   FEAR   JOY   SADNESS

Because . . .

My goals for today:

1.

2.

3.

This evening, I feel (circle all that apply):

ANGER   ANXIETY   DISGUST   EMBARRASSMENT   ENNUI   ENVY   FEAR   JOY   SADNESS

Because . . .

Today, I discovered . . .

This morning, I feel (circle all that apply):

ANGER   ANXIETY   DISGUST   EMBARRASSMENT   ENNUI   ENVY   FEAR   JOY   SADNESS

Because . . .

_____

_____

_____

My goals for today:

1. _____

2. _____

3. _____

This evening, I feel (circle all that apply):

ANGER   ANXIETY   DISGUST   EMBARRASSMENT   ENNUI   ENVY   FEAR   JOY   SADNESS

Because . . .

_____

_____

_____

Today, my personal motto was . . .

_____

_____

_____

This morning, I feel (circle all that apply):

ANGER   **ANXIETY**   **DISGUST**   **EMBARRASSMENT**   **ENNUI**   **ENVY**   **FEAR**   **JOY**   **SADNESS**

Because . . .

My goals for today:

1.

2.

3.

This evening, I feel (circle all that apply):

ANGER   **ANXIETY**   **DISGUST**   **EMBARRASSMENT**   **ENNUI**   **ENVY**   **FEAR**   **JOY**   **SADNESS**

Because . . .

Tomorrow, I will try to . . .

This morning, I feel (circle all that apply):

ANGER   ANXIETY   DISGUST   EMBARRASSMENT   ENNUI   ENVY   FEAR   JOY   SADNESS

Because . . .

_____

_____

_____

My goals for today:

1. _____

2. _____

3. _____

This evening, I feel (circle all that apply):

ANGER   ANXIETY   DISGUST   EMBARRASSMENT   ENNUI   ENVY   FEAR   JOY   SADNESS

Because . . .

_____

_____

_____

Today, I was inspired by . . .

_____

_____

_____

This morning, I feel (circle all that apply):

ANGER   ANXIETY   DISGUST   EMBARRASSMENT   ENNUI   ENVY   FEAR   JOY   SADNESS

Because . . .

My goals for today:

1.

2.

3.

This evening, I feel (circle all that apply):

ANGER   ANXIETY   DISGUST   EMBARRASSMENT   ENNUI   ENVY   FEAR   JOY   SADNESS

Because . . .

Tomorrow, I will work on . . .

This morning, I feel (circle all that apply):

ANGER **ANXIETY** **DISGUST** **EMBARRASSMENT** **ENNUI** **ENVY** **FEAR** **JOY** **SADNESS**

Because . . .

My goals for today:

1.

2.

3.

This evening, I feel (circle all that apply):

ANGER **ANXIETY** **DISGUST** **EMBARRASSMENT** **ENNUI** **ENVY** **FEAR** **JOY** **SADNESS**

Because . . .

Today, I appreciated . . .

This morning, I feel (circle all that apply):

ANGER   ANXIETY   DISGUST   EMBARRASSMENT   ENNUI   ENVY   FEAR   JOY   SADNESS

Because . . .

_____

My goals for today:

1. _____
2. _____
3. _____

This evening, I feel (circle all that apply):

ANGER   ANXIETY   DISGUST   EMBARRASSMENT   ENNUI   ENVY   FEAR   JOY   SADNESS

Because . . .

_____

Today, I am grateful for . . .

_____

This morning, I feel (circle all that apply):

| ANGER | ANXIETY | DISGUST | EMBARRASSMENT | ENNUI | ENVY | FEAR | JOY | SADNESS |

Because . . .

My goals for today:

1.

2.

3.

This evening, I feel (circle all that apply):

| ANGER | ANXIETY | DISGUST | EMBARRASSMENT | ENNUI | ENVY | FEAR | JOY | SADNESS |

Because . . .

Tomorrow, my intention is . . .

This morning, I feel (circle all that apply):

ANGER   ANXIETY   DISGUST   EMBARRASSMENT   ENNUI   ENVY   FEAR   JOY   SADNESS

Because . . .

_____

_____

_____

My goals for today:

1. _____

2. _____

3. _____

This evening, I feel (circle all that apply):

ANGER   ANXIETY   DISGUST   EMBARRASSMENT   ENNUI   ENVY   FEAR   JOY   SADNESS

Because . . .

_____

_____

_____

Tomorrow, I'm looking forward to . . .

_____

_____

This morning, I feel (circle all that apply):

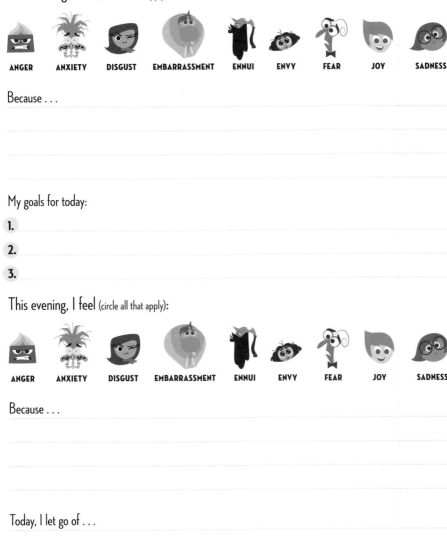

| ANGER | ANXIETY | DISGUST | EMBARRASSMENT | ENNUI | ENVY | FEAR | JOY | SADNESS |

Because . . .

_____

_____

_____

My goals for today:

1. _____

2. _____

3. _____

This evening, I feel (circle all that apply):

| ANGER | ANXIETY | DISGUST | EMBARRASSMENT | ENNUI | ENVY | FEAR | JOY | SADNESS |

Because . . .

_____

_____

_____

Today, I let go of . . .

_____

_____

_____

At a Glance

Using your last few journal entries for reference, how have you been feeling lately? What emotions have you felt most strongly? Do you feel different now than you did previously? What might be affecting your emotions from day to day or week to week? These pages may be used to write freely.

This morning, I feel (circle all that apply):

ANGER ANXIETY DISGUST EMBARRASSMENT ENNUI ENVY FEAR JOY SADNESS

Because . . .

My goals for today:

1.

2.

3.

This evening, I feel (circle all that apply):

ANGER ANXIETY DISGUST EMBARRASSMENT ENNUI ENVY FEAR JOY SADNESS

Because . . .

Tomorrow, I will show kindness to myself or others by . . .

Date: /   /

This morning, I feel (circle all that apply):

ANGER   ANXIETY   DISGUST   EMBARRASSMENT   ENNUI   ENVY   FEAR   JOY   SADNESS

Because . . .

My goals for today:

1.
2.
3.

This evening, I feel (circle all that apply):

ANGER   ANXIETY   DISGUST   EMBARRASSMENT   ENNUI   ENVY   FEAR   JOY   SADNESS

Because . . .

Today, I found joy in . . .

This morning, I feel (circle all that apply):

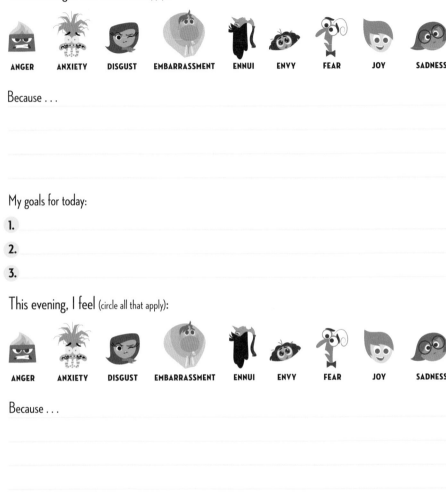

ANGER   ANXIETY   DISGUST   EMBARRASSMENT   ENNUI   ENVY   FEAR   JOY   SADNESS

Because . . .

My goals for today:

1.

2.

3.

This evening, I feel (circle all that apply):

ANGER   ANXIETY   DISGUST   EMBARRASSMENT   ENNUI   ENVY   FEAR   JOY   SADNESS

Because . . .

Today, I worked through . . .

This morning, I feel (circle all that apply):

ANGER   ANXIETY   DISGUST   EMBARRASSMENT   ENNUI   ENVY   FEAR   JOY   SADNESS

Because . . .

My goals for today:

1.

2.

3.

This evening, I feel (circle all that apply):

ANGER   ANXIETY   DISGUST   EMBARRASSMENT   ENNUI   ENVY   FEAR   JOY   SADNESS

Because . . .

Today, I am proud of . . .

This morning, I feel (circle all that apply):

ANGER   ANXIETY   DISGUST   EMBARRASSMENT   ENNUI   ENVY   FEAR   JOY   SADNESS

Because . . .

My goals for today:

1.

2.

3.

This evening, I feel (circle all that apply):

ANGER   ANXIETY   DISGUST   EMBARRASSMENT   ENNUI   ENVY   FEAR   JOY   SADNESS

Because . . .

Tomorrow, I will . . .

This morning, I feel (circle all that apply):

ANGER　ANXIETY　DISGUST　EMBARRASSMENT　ENNUI　ENVY　FEAR　JOY　SADNESS

Because . . .

My goals for today:

1.
2.
3.

This evening, I feel (circle all that apply):

ANGER　ANXIETY　DISGUST　EMBARRASSMENT　ENNUI　ENVY　FEAR　JOY　SADNESS

Because . . .

Today, I learned . . .

This morning, I feel (circle all that apply):

ANGER   **ANXIETY**   **DISGUST**   **EMBARRASSMENT**   **ENNUI**   **ENVY**   **FEAR**   **JOY**   **SADNESS**

Because . . .

My goals for today:

1.

2.

3.

This evening, I feel (circle all that apply):

ANGER   **ANXIETY**   **DISGUST**   **EMBARRASSMENT**   **ENNUI**   **ENVY**   **FEAR**   **JOY**   **SADNESS**

Because . . .

Today, I put my trust in . . .

This morning, I feel (circle all that apply):

ANGER **ANXIETY** **DISGUST** **EMBARRASSMENT** **ENNUI** **ENVY** **FEAR** **JOY** **SADNESS**

Because . . .

My goals for today:

1.

2.

3.

This evening, I feel (circle all that apply):

ANGER **ANXIETY** **DISGUST** **EMBARRASSMENT** **ENNUI** **ENVY** **FEAR** **JOY** **SADNESS**

Because . . .

Today, I overcame . . .

This morning, I feel (circle all that apply):

ANGER   ANXIETY   DISGUST   EMBARRASSMENT   ENNUI   ENVY   FEAR   JOY   SADNESS

Because . . .

_____

_____

_____

My goals for today:

1. _____

2. _____

3. _____

This evening, I feel (circle all that apply):

ANGER   ANXIETY   DISGUST   EMBARRASSMENT   ENNUI   ENVY   FEAR   JOY   SADNESS

Because . . .

_____

_____

_____

Today, I discovered . . .

_____

_____

_____

This morning, I feel (circle all that apply):

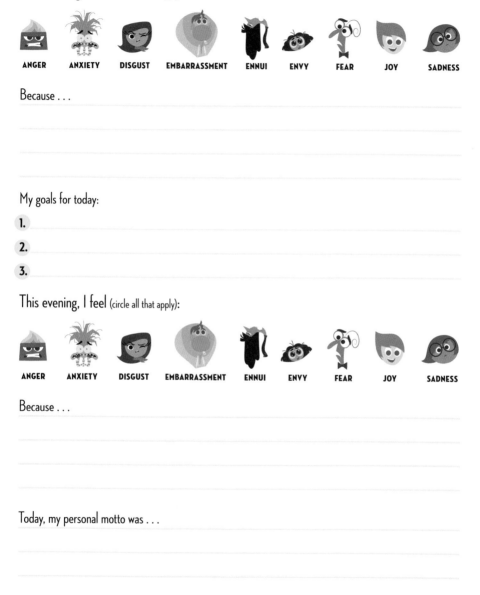

ANGER   ANXIETY   DISGUST   EMBARRASSMENT   ENNUI   ENVY   FEAR   JOY   SADNESS

Because . . .

My goals for today:

1.

2.

3.

This evening, I feel (circle all that apply):

ANGER   ANXIETY   DISGUST   EMBARRASSMENT   ENNUI   ENVY   FEAR   JOY   SADNESS

Because . . .

Today, my personal motto was . . .

At a Glance

Using your last few journal entries for reference, how have you been feeling lately?
What emotions have you felt most strongly? Do you feel different now than you did
previously? What might be affecting your emotions from day to day or week to week?
These pages may be used to write freely.

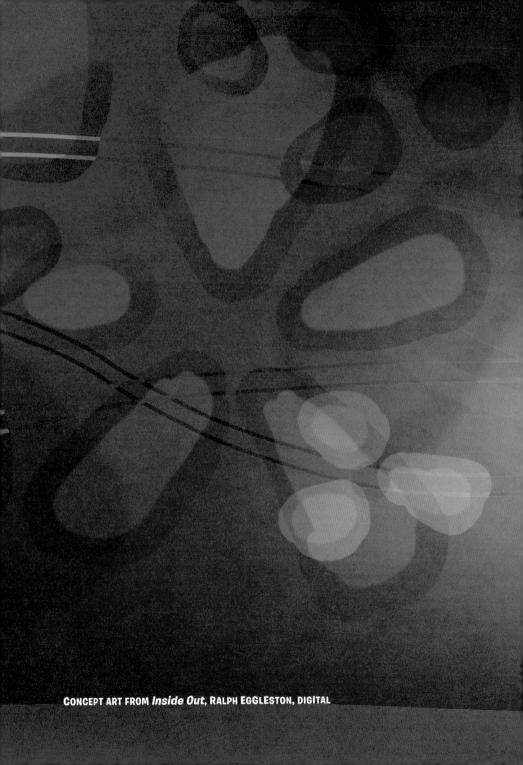

CONCEPT ART FROM *Inside Out*, RALPH EGGLESTON, DIGITAL

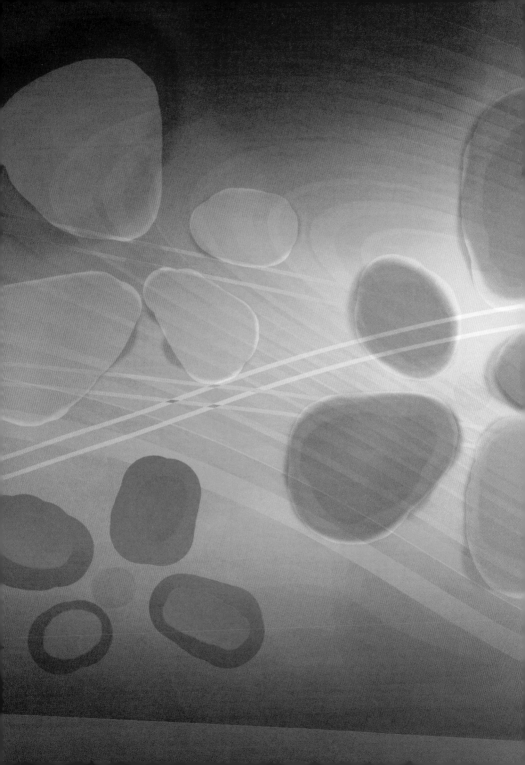

This morning, I feel (circle all that apply):

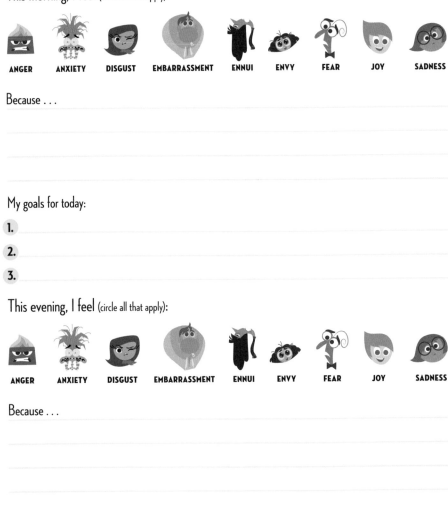

ANGER   **ANXIETY**   **DISGUST**   **EMBARRASSMENT**   **ENNUI**   **ENVY**   **FEAR**   **JOY**   **SADNESS**

Because . . .

_____

_____

_____

My goals for today:

1. _____

2. _____

3. _____

This evening, I feel (circle all that apply):

ANGER   **ANXIETY**   **DISGUST**   **EMBARRASSMENT**   **ENNUI**   **ENVY**   **FEAR**   **JOY**   **SADNESS**

Because . . .

_____

_____

_____

Tomorrow, I will try to . . .

_____

_____

This morning, I feel (circle all that apply):

ANGER   ANXIETY   DISGUST   EMBARRASSMENT   ENNUI   ENVY   FEAR   JOY   SADNESS

Because . . .

_____

_____

_____

My goals for today:

1. _____

2. _____

3. _____

This evening, I feel (circle all that apply):

ANGER   ANXIETY   DISGUST   EMBARRASSMENT   ENNUI   ENVY   FEAR   JOY   SADNESS

Because . . .

_____

_____

_____

Today, I was inspired by . . .

_____

_____

_____

This morning, I feel (circle all that apply):

ANGER   **ANXIETY**   **DISGUST**   **EMBARRASSMENT**   **ENNUI**   **ENVY**   **FEAR**   **JOY**   **SADNESS**

Because . . .

_____

_____

_____

My goals for today:

1. _____

2. _____

3. _____

This evening, I feel (circle all that apply):

ANGER   **ANXIETY**   **DISGUST**   **EMBARRASSMENT**   **ENNUI**   **ENVY**   **FEAR**   **JOY**   **SADNESS**

Because . . .

_____

_____

_____

Tomorrow, I will work on . . .

_____

_____

This morning, I feel (circle all that apply):

ANGER   **ANXIETY**   **DISGUST**   **EMBARRASSMENT**   **ENNUI**   **ENVY**   **FEAR**   **JOY**   **SADNESS**

Because . . .

_____

_____

_____

My goals for today:

1. _____

2. _____

3. _____

This evening, I feel (circle all that apply):

ANGER   **ANXIETY**   **DISGUST**   **EMBARRASSMENT**   **ENNUI**   **ENVY**   **FEAR**   **JOY**   **SADNESS**

Because . . .

_____

_____

_____

_____

Today, I appreciated . . .

_____

_____

_____

This morning, I feel <small>(circle all that apply):</small>

ANGER   ANXIETY   DISGUST   EMBARRASSMENT   ENNUI   ENVY   FEAR   JOY   SADNESS

Because . . .

My goals for today:

1.
2.
3.

This evening, I feel <small>(circle all that apply):</small>

ANGER   ANXIETY   DISGUST   EMBARRASSMENT   ENNUI   ENVY   FEAR   JOY   SADNESS

Because . . .

Today, I am grateful for . . .

This morning, I feel (circle all that apply):

ANGER   **ANXIETY**   **DISGUST**   **EMBARRASSMENT**   **ENNUI**   **ENVY**   **FEAR**   **JOY**   **SADNESS**

Because . . .

My goals for today:

1.

2.

3.

This evening, I feel (circle all that apply):

ANGER   **ANXIETY**   **DISGUST**   **EMBARRASSMENT**   **ENNUI**   **ENVY**   **FEAR**   **JOY**   **SADNESS**

Because . . .

Tomorrow, my intention is . . .

This morning, I feel (circle all that apply):

ANGER ANXIETY DISGUST EMBARRASSMENT ENNUI ENVY FEAR JOY SADNESS

Because . . .

My goals for today:

1.
2.
3.

This evening, I feel (circle all that apply):

ANGER ANXIETY DISGUST EMBARRASSMENT ENNUI ENVY FEAR JOY SADNESS

Because . . .

Tomorrow, I'm looking forward to . . .

This morning, I feel (circle all that apply):

ANGER   ANXIETY   DISGUST   EMBARRASSMENT   ENNUI   ENVY   FEAR   JOY   SADNESS

Because . . .

_____

_____

_____

My goals for today:

1. _____

2. _____

3. _____

This evening, I feel (circle all that apply):

ANGER   ANXIETY   DISGUST   EMBARRASSMENT   ENNUI   ENVY   FEAR   JOY   SADNESS

Because . . .

_____

_____

_____

Today, I let go of . . .

_____

_____

_____

This morning, I feel (circle all that apply):

| ANGER | ANXIETY | DISGUST | EMBARRASSMENT | ENNUI | ENVY | FEAR | JOY | SADNESS |

Because . . .

My goals for today:

1.

2.

3.

This evening, I feel (circle all that apply):

| ANGER | ANXIETY | DISGUST | EMBARRASSMENT | ENNUI | ENVY | FEAR | JOY | SADNESS |

Because . . .

Tomorrow, I will show kindness to myself or others by . . .

This morning, I feel (circle all that apply):

ANGER   **ANXIETY**   **DISGUST**   **EMBARRASSMENT**   **ENNUI**   **ENVY**   **FEAR**   **JOY**   **SADNESS**

Because . . .

_____

_____

_____

My goals for today:

1. _____

2. _____

3. _____

This evening, I feel (circle all that apply):

ANGER   **ANXIETY**   **DISGUST**   **EMBARRASSMENT**   **ENNUI**   **ENVY**   **FEAR**   **JOY**   **SADNESS**

Because . . .

_____

_____

_____

Today, I found joy in . . .

_____

_____

_____

At a Glance

Using your last few journal entries for reference, how have you been feeling lately?
What emotions have you felt most strongly? Do you feel different now than you did
previously? What might be affecting your emotions from day to day or week to week?
These pages may be used to write freely.

Date: / /

This morning, I feel (circle all that apply):

ANGER   ANXIETY   DISGUST   EMBARRASSMENT   ENNUI   ENVY   FEAR   JOY   SADNESS

Because . . .

My goals for today:

1.

2.

3.

This evening, I feel (circle all that apply):

ANGER   ANXIETY   DISGUST   EMBARRASSMENT   ENNUI   ENVY   FEAR   JOY   SADNESS

Because . . .

Today, I worked through . . .

This morning, I feel (circle all that apply):

ANGER   **ANXIETY**   **DISGUST**   **EMBARRASSMENT**   **ENNUI**   **ENVY**   **FEAR**   **JOY**   **SADNESS**

Because . . .

My goals for today:

1.

2.

3.

This evening, I feel (circle all that apply):

ANGER   **ANXIETY**   **DISGUST**   **EMBARRASSMENT**   **ENNUI**   **ENVY**   **FEAR**   **JOY**   **SADNESS**

Because . . .

Today, I am proud of . . .

This morning, I feel (circle all that apply):

ANGER   ANXIETY   DISGUST   EMBARRASSMENT   ENNUI   ENVY   FEAR   JOY   SADNESS

Because . . .

My goals for today:

1.

2.

3.

This evening, I feel (circle all that apply):

ANGER   ANXIETY   DISGUST   EMBARRASSMENT   ENNUI   ENVY   FEAR   JOY   SADNESS

Because . . .

Tomorrow, I will . . .

This morning, I feel (circle all that apply):

ANGER **ANXIETY** **DISGUST** **EMBARRASSMENT** **ENNUI** **ENVY** **FEAR** **JOY** **SADNESS**

Because . . .

My goals for today:

1.
2.
3.

This evening, I feel (circle all that apply):

ANGER **ANXIETY** **DISGUST** **EMBARRASSMENT** **ENNUI** **ENVY** **FEAR** **JOY** **SADNESS**

Because . . .

Today, I learned . . .

This morning, I feel (circle all that apply):

ANGER   ANXIETY   DISGUST   EMBARRASSMENT   ENNUI   ENVY   FEAR   JOY   SADNESS

Because . . .

My goals for today:

1.
2.
3.

This evening, I feel (circle all that apply):

ANGER   ANXIETY   DISGUST   EMBARRASSMENT   ENNUI   ENVY   FEAR   JOY   SADNESS

Because . . .

Today, I put my trust in . . .

This morning, I feel (circle all that apply):

ANGER   **ANXIETY**   **DISGUST**   **EMBARRASSMENT**   **ENNUI**   **ENVY**   **FEAR**   **JOY**   **SADNESS**

Because . . .

_____

_____

_____

My goals for today:

1. _____

2. _____

3. _____

This evening, I feel (circle all that apply):

ANGER   **ANXIETY**   **DISGUST**   **EMBARRASSMENT**   **ENNUI**   **ENVY**   **FEAR**   **JOY**   **SADNESS**

Because . . .

_____

_____

_____

Today, I overcame . . .

_____

_____

_____

This morning, I feel (circle all that apply):

ANGER   **ANXIETY**   **DISGUST**   **EMBARRASSMENT**   **ENNUI**   **ENVY**   **FEAR**   **JOY**   **SADNESS**

Because . . .

_____

_____

_____

My goals for today:

1. _____

2. _____

3. _____

This evening, I feel (circle all that apply):

ANGER   **ANXIETY**   **DISGUST**   **EMBARRASSMENT**   **ENNUI**   **ENVY**   **FEAR**   **JOY**   **SADNESS**

Because . . .

_____

_____

_____

Today, I discovered . . .

_____

_____

This morning, I feel (circle all that apply):

ANGER ANXIETY DISGUST EMBARRASSMENT ENNUI ENVY FEAR JOY SADNESS

Because . . .

_____

_____

_____

My goals for today:

1. _____

2. _____

3. _____

This evening, I feel (circle all that apply):

ANGER ANXIETY DISGUST EMBARRASSMENT ENNUI ENVY FEAR JOY SADNESS

Because . . .

_____

_____

_____

Today, my personal motto was . . .

_____

_____

_____

Date: / /

This morning, I feel (circle all that apply):

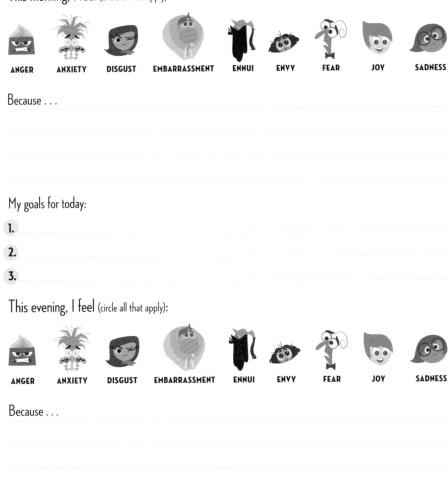

ANGER   ANXIETY   DISGUST   EMBARRASSMENT   ENNUI   ENVY   FEAR   JOY   SADNESS

Because . . .

_____

_____

_____

My goals for today:

1. _____

2. _____

3. _____

This evening, I feel (circle all that apply):

ANGER   ANXIETY   DISGUST   EMBARRASSMENT   ENNUI   ENVY   FEAR   JOY   SADNESS

Because . . .

_____

_____

_____

Tomorrow, I will try to . . .

_____

_____

_____

This morning, I feel (circle all that apply):

ANGER   ANXIETY   DISGUST   EMBARRASSMENT   ENNUI   ENVY   FEAR   JOY   SADNESS

Because . . .

_____

_____

_____

My goals for today:

1. _____

2. _____

3. _____

This evening, I feel (circle all that apply):

ANGER   ANXIETY   DISGUST   EMBARRASSMENT   ENNUI   ENVY   FEAR   JOY   SADNESS

Because . . .

_____

_____

_____

Today, I was inspired by . . .

_____

_____

_____

At a Glance

Using your last few journal entries for reference, how have you been feeling lately? What emotions have you felt most strongly? Do you feel different now than you did previously? What might be affecting your emotions from day to day or week to week? These pages may be used to write freely.

CONCEPT ART FROM *Inside Out 2*, RALPH EGGLESTON, DIGITAL

This morning, I feel (circle all that apply):

ANGER   ANXIETY   DISGUST   EMBARRASSMENT   ENNUI   ENVY   FEAR   JOY   SADNESS

Because . . .

My goals for today:

1.

2.

3.

This evening, I feel (circle all that apply):

ANGER   ANXIETY   DISGUST   EMBARRASSMENT   ENNUI   ENVY   FEAR   JOY   SADNESS

Because . . .

Tomorrow, I will work on . . .

Date: /   /

This morning, I feel (circle all that apply):

ANGER   ANXIETY   DISGUST   EMBARRASSMENT   ENNUI   ENVY   FEAR   JOY   SADNESS

Because . . .

My goals for today:

1.
2.
3.

This evening, I feel (circle all that apply):

ANGER   ANXIETY   DISGUST   EMBARRASSMENT   ENNUI   ENVY   FEAR   JOY   SADNESS

Because . . .

Today, I appreciated . . .

This morning, I feel (circle all that apply):

ANGER **ANXIETY** **DISGUST** **EMBARRASSMENT** **ENNUI** **ENVY** **FEAR** **JOY** **SADNESS**

Because . . .

My goals for today:

1.

2.

3.

This evening, I feel (circle all that apply):

ANGER **ANXIETY** **DISGUST** **EMBARRASSMENT** **ENNUI** **ENVY** **FEAR** **JOY** **SADNESS**

Because . . .

Today, I am grateful for . . .

This morning, I feel (circle all that apply):

ANGER   ANXIETY   DISGUST   EMBARRASSMENT   ENNUI   ENVY   FEAR   JOY   SADNESS

Because . . .

_____

_____

_____

My goals for today:

1. _____

2. _____

3. _____

This evening, I feel (circle all that apply):

ANGER   ANXIETY   DISGUST   EMBARRASSMENT   ENNUI   ENVY   FEAR   JOY   SADNESS

Because . . .

_____

_____

_____

Tomorrow, my intention is . . .

_____

_____

_____

This morning, I feel (circle all that apply):

ANGER   ANXIETY   DISGUST   EMBARRASSMENT   ENNUI   ENVY   FEAR   JOY   SADNESS

Because . . .

My goals for today:

1.

2.

3.

This evening, I feel (circle all that apply):

ANGER   ANXIETY   DISGUST   EMBARRASSMENT   ENNUI   ENVY   FEAR   JOY   SADNESS

Because . . .

Tomorrow, I'm looking forward to . . .

This morning, I feel (circle all that apply):

ANGER   ANXIETY   DISGUST   EMBARRASSMENT   ENNUI   ENVY   FEAR   JOY   SADNESS

Because . . .

My goals for today:

1.

2.

3.

This evening, I feel (circle all that apply):

ANGER   ANXIETY   DISGUST   EMBARRASSMENT   ENNUI   ENVY   FEAR   JOY   SADNESS

Because . . .

Today, I let go of . . .

This morning, I feel (circle all that apply):

ANGER ANXIETY DISGUST EMBARRASSMENT ENNUI ENVY FEAR JOY SADNESS

Because . . .

_____

_____

_____

My goals for today:

1. _____

2. _____

3. _____

This evening, I feel (circle all that apply):

ANGER ANXIETY DISGUST EMBARRASSMENT ENNUI ENVY FEAR JOY SADNESS

Because . . .

_____

_____

_____

Tomorrow, I will show kindness to myself or others by . . .

_____

_____

_____

This morning, I feel (circle all that apply):

ANGER   **ANXIETY**   **DISGUST**   **EMBARRASSMENT**   **ENNUI**   **ENVY**   **FEAR**   **JOY**   **SADNESS**

Because . . .

_____

_____

_____

My goals for today:

1. _____

2. _____

3. _____

This evening, I feel (circle all that apply):

ANGER   **ANXIETY**   **DISGUST**   **EMBARRASSMENT**   **ENNUI**   **ENVY**   **FEAR**   **JOY**   **SADNESS**

Because . . .

_____

_____

_____

Today, I found joy in . . .

_____

_____

This morning, I feel (circle all that apply):

ANGER   ANXIETY   DISGUST   EMBARRASSMENT   ENNUI   ENVY   FEAR   JOY   SADNESS

Because . . .

_____

_____

_____

My goals for today:

1. _____

2. _____

3. _____

This evening, I feel (circle all that apply):

ANGER   ANXIETY   DISGUST   EMBARRASSMENT   ENNUI   ENVY   FEAR   JOY   SADNESS

Because . . .

_____

_____

_____

Today, I worked through . . .

_____

_____

Date: / /

This morning, I feel (circle all that apply):

ANGER   ANXIETY   DISGUST   EMBARRASSMENT   ENNUI   ENVY   FEAR   JOY   SADNESS

Because . . .

My goals for today:

1.

2.

3.

This evening, I feel (circle all that apply):

ANGER   ANXIETY   DISGUST   EMBARRASSMENT   ENNUI   ENVY   FEAR   JOY   SADNESS

Because . . .

Today, I am proud of . . .

At a Glance

Using your last few journal entries for reference, how have you been feeling lately? What emotions have you felt most strongly? Do you feel different now than you did previously? What might be affecting your emotions from day to day or week to week? These pages may be used to write freely.

Date: /   /

This morning, I feel (circle all that apply):

ANGER   ANXIETY   DISGUST   EMBARRASSMENT   ENNUI   ENVY   FEAR   JOY   SADNESS

Because . . .

_____

_____

_____

My goals for today:

1. _____
2. _____
3. _____

This evening, I feel (circle all that apply):

ANGER   ANXIETY   DISGUST   EMBARRASSMENT   ENNUI   ENVY   FEAR   JOY   SADNESS

Because . . .

_____

_____

_____

Tomorrow, I will . . .

_____

_____

This morning, I feel (circle all that apply):

ANGER   ANXIETY   DISGUST   EMBARRASSMENT   ENNUI   ENVY   FEAR   JOY   SADNESS

Because . . .

My goals for today:

1.

2.

3.

This evening, I feel (circle all that apply):

ANGER   ANXIETY   DISGUST   EMBARRASSMENT   ENNUI   ENVY   FEAR   JOY   SADNESS

Because . . .

Today, I learned . . .

This morning, I feel (circle all that apply):

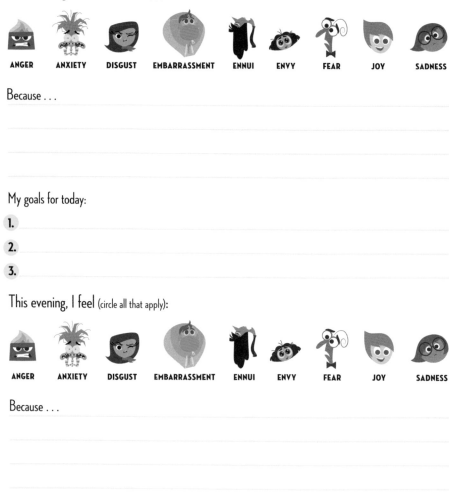

ANGER   ANXIETY   DISGUST   EMBARRASSMENT   ENNUI   ENVY   FEAR   JOY   SADNESS

Because . . .

_____

_____

_____

My goals for today:

1. _____

2. _____

3. _____

This evening, I feel (circle all that apply):

ANGER   ANXIETY   DISGUST   EMBARRASSMENT   ENNUI   ENVY   FEAR   JOY   SADNESS

Because . . .

_____

_____

_____

Today, I put my trust in . . .

_____

_____

This morning, I feel (circle all that apply):

ANGER   ANXIETY   DISGUST   EMBARRASSMENT   ENNUI   ENVY   FEAR   JOY   SADNESS

Because . . .

My goals for today:

1.

2.

3.

This evening, I feel (circle all that apply):

ANGER   ANXIETY   DISGUST   EMBARRASSMENT   ENNUI   ENVY   FEAR   JOY   SADNESS

Because . . .

Today, I overcame . . .

This morning, I feel (circle all that apply):

ANGER   ANXIETY   DISGUST   EMBARRASSMENT   ENNUI   ENVY   FEAR   JOY   SADNESS

Because . . .

_____

_____

_____

My goals for today:

1. _____

2. _____

3. _____

This evening, I feel (circle all that apply):

ANGER   ANXIETY   DISGUST   EMBARRASSMENT   ENNUI   ENVY   FEAR   JOY   SADNESS

Because . . .

_____

_____

_____

Today, I discovered . . .

_____

_____

Date: /   /

This morning, I feel (circle all that apply):

ANGER **ANXIETY** **DISGUST** **EMBARRASSMENT** **ENNUI** **ENVY** **FEAR** **JOY** **SADNESS**

Because . . .

My goals for today:

1.

2.

3.

This evening, I feel (circle all that apply):

ANGER **ANXIETY** **DISGUST** **EMBARRASSMENT** **ENNUI** **ENVY** **FEAR** **JOY** **SADNESS**

Because . . .

Today, my personal motto was . . .

This morning, I feel (circle all that apply):

ANGER   ANXIETY   DISGUST   EMBARRASSMENT   ENNUI   ENVY   FEAR   JOY   SADNESS

Because . . .

My goals for today:

1.
2.
3.

This evening, I feel (circle all that apply):

ANGER   ANXIETY   DISGUST   EMBARRASSMENT   ENNUI   ENVY   FEAR   JOY   SADNESS

Because . . .

Tomorrow, I will try to . . .

Date: / /

This morning, I feel (circle all that apply):

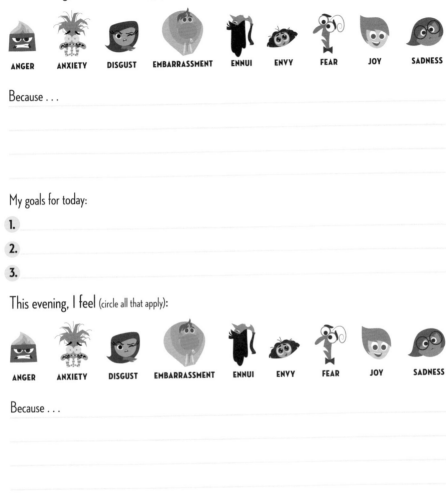

ANGER   ANXIETY   DISGUST   EMBARRASSMENT   ENNUI   ENVY   FEAR   JOY   SADNESS

Because . . .

_____

_____

_____

My goals for today:

1. _____

2. _____

3. _____

This evening, I feel (circle all that apply):

ANGER   ANXIETY   DISGUST   EMBARRASSMENT   ENNUI   ENVY   FEAR   JOY   SADNESS

Because . . .

_____

_____

_____

Today, I was inspired by . . .

_____

_____

This morning, I feel (circle all that apply):

| ANGER | ANXIETY | DISGUST | EMBARRASSMENT | ENNUI | ENVY | FEAR | JOY | SADNESS |

Because . . .

_____

_____

_____

My goals for today:

1. _____

2. _____

3. _____

This evening, I feel (circle all that apply):

| ANGER | ANXIETY | DISGUST | EMBARRASSMENT | ENNUI | ENVY | FEAR | JOY | SADNESS |

Because . . .

_____

_____

_____

Tomorrow, I will work on . . .

_____

_____

Date: /   /

This morning, I feel (circle all that apply):

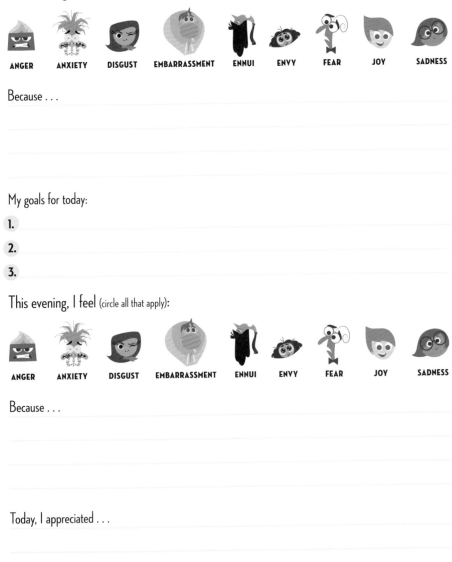

ANGER   ANXIETY   DISGUST   EMBARRASSMENT   ENNUI   ENVY   FEAR   JOY   SADNESS

Because . . .

_____

_____

_____

My goals for today:

1. _____

2. _____

3. _____

This evening, I feel (circle all that apply):

ANGER   ANXIETY   DISGUST   EMBARRASSMENT   ENNUI   ENVY   FEAR   JOY   SADNESS

Because . . .

_____

_____

_____

Today, I appreciated . . .

_____

_____

_____

At a Glance

Using your last few journal entries for reference, how have you been feeling lately? What emotions have you felt most strongly? Do you feel different now than you did previously? What might be affecting your emotions from day to day or week to week? These pages may be used to write freely.

This morning, I feel (circle all that apply):

ANGER   ANXIETY   DISGUST   EMBARRASSMENT   ENNUI   ENVY   FEAR   JOY   SADNESS

Because . . .

My goals for today:

1.

2.

3.

This evening, I feel (circle all that apply):

ANGER   ANXIETY   DISGUST   EMBARRASSMENT   ENNUI   ENVY   FEAR   JOY   SADNESS

Because . . .

Today, I am grateful for . . .

This morning, I feel (circle all that apply):

ANGER **ANXIETY** **DISGUST** **EMBARRASSMENT** **ENNUI** **ENVY** **FEAR** **JOY** **SADNESS**

Because . . .

_____

_____

_____

My goals for today:

1. _____

2. _____

3. _____

This evening, I feel (circle all that apply):

ANGER **ANXIETY** **DISGUST** **EMBARRASSMENT** **ENNUI** **ENVY** **FEAR** **JOY** **SADNESS**

Because . . .

_____

_____

_____

Tomorrow, my intention is . . .

_____

_____

This morning, I feel (circle all that apply):

ANGER   ANXIETY   DISGUST   EMBARRASSMENT   ENNUI   ENVY   FEAR   JOY   SADNESS

Because . . .

_____

_____

_____

My goals for today:

1. _____

2. _____

3. _____

This evening, I feel (circle all that apply):

ANGER   ANXIETY   DISGUST   EMBARRASSMENT   ENNUI   ENVY   FEAR   JOY   SADNESS

Because . . .

_____

_____

_____

Tomorrow, I'm looking forward to . . .

_____

_____

This morning, I feel (circle all that apply):

ANGER   ANXIETY   DISGUST   EMBARRASSMENT   ENNUI   ENVY   FEAR   JOY   SADNESS

Because . . .

My goals for today:

1.

2.

3.

This evening, I feel (circle all that apply):

ANGER   ANXIETY   DISGUST   EMBARRASSMENT   ENNUI   ENVY   FEAR   JOY   SADNESS

Because . . .

Today, I let go of . . .

This morning, I feel (circle all that apply):

ANGER   ANXIETY   DISGUST   EMBARRASSMENT   ENNUI   ENVY   FEAR   JOY   SADNESS

Because . . .

My goals for today:

1.

2.

3.

This evening, I feel (circle all that apply):

ANGER   ANXIETY   DISGUST   EMBARRASSMENT   ENNUI   ENVY   FEAR   JOY   SADNESS

Because . . .

Tomorrow, I will show kindness to myself or others by . . .

This morning, I feel (circle all that apply):

ANGER   ANXIETY   DISGUST   EMBARRASSMENT   ENNUI   ENVY   FEAR   JOY   SADNESS

Because . . .

My goals for today:

1.

2.

3.

This evening, I feel (circle all that apply):

ANGER   ANXIETY   DISGUST   EMBARRASSMENT   ENNUI   ENVY   FEAR   JOY   SADNESS

Because . . .

Today, I found joy in . . .

This morning, I feel (circle all that apply):

ANGER   ANXIETY   DISGUST   EMBARRASSMENT   ENNUI   ENVY   FEAR   JOY   SADNESS

Because . . .

_____

_____

_____

My goals for today:

1. _____

2. _____

3. _____

This evening, I feel (circle all that apply):

ANGER   ANXIETY   DISGUST   EMBARRASSMENT   ENNUI   ENVY   FEAR   JOY   SADNESS

Because . . .

_____

_____

_____

Today, I worked through . . .

_____

_____

Date: / /

This morning, I feel (circle all that apply):

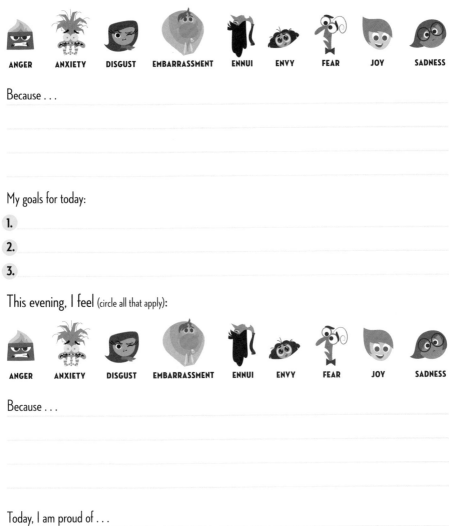

ANGER   ANXIETY   DISGUST   EMBARRASSMENT   ENNUI   ENVY   FEAR   JOY   SADNESS

Because . . .

My goals for today:

1.

2.

3.

This evening, I feel (circle all that apply):

ANGER   ANXIETY   DISGUST   EMBARRASSMENT   ENNUI   ENVY   FEAR   JOY   SADNESS

Because . . .

Today, I am proud of . . .

This morning, I feel (circle all that apply):

ANGER **ANXIETY** **DISGUST** **EMBARRASSMENT** **ENNUI** **ENVY** **FEAR** **JOY** **SADNESS**

Because . . .

My goals for today:

1.

2.

3.

This evening, I feel (circle all that apply):

ANGER **ANXIETY** **DISGUST** **EMBARRASSMENT** **ENNUI** **ENVY** **FEAR** **JOY** **SADNESS**

Because . . .

Tomorrow, I will . . .